아직도 우리는 꽃 무지개

전소이 시 · 디카시집

도서출판
진실한 사람들

*그림: 전소이

〈서시〉

고향집

눈 감고도 찾아드는

들국화라 우기던 쑥부쟁이 핀 고샅길 따라
솟을대문 들어서면
햇살 잘 드는 남향집
땅따먹기 하던 안마당
내 발길에 나뭇결이 더 선명해진 마루

얼마만인가

그땐
어머니가 계셨는데
이젠 어머니 보다 더 흰 머리 이고
찾아가는 집

서시 • 3

발문 | 신광호 • 170

1. 산나리꽃

산나리꽃 • 10
바위 • 11
그분 • 12
귀면암 • 13
자화상 • 14
용서 • 15
사춘기 • 16
유혹 • 17
힘들고 지칠 때 • 18
사소함에 있다 • 19
회한 • 20
어미란 • 21

2. 꽃을 보듯 너를 본다

열공 • 24
꽃을 보듯 너를 본다 • 26
할머니 결혼사진 • 28
슬퍼 말아요 • 30
안부 • 32
가족 사진 • 34
나비 소녀 • 36
어머니 무릎 • 38
뭘까 • 40
쌍둥이의 꿈 • 42
당신인 줄 알았어요 • 44
파도가 쳤을 뿐인데 • 46

3. 커피 맛내기

첫 구두 • 50
커피 맛내기 • 51
흔들리는 것은 • 52
천 년을 살 것처럼 • 53
삶은 한 폭의 환상임을 • 54
늙는다는 것은 • 55
놋요강 • 56
겨울 햇살 • 57
가깝고도 먼 거리 • 58
오해 • 59

4. 늘보 우체통

늘보 우체통 • 62
해운대 연가 • 64
눈부처 • 66
자연은 명작이다 • 68
수목장 • 70
방생 • 72
걱정 • 74
그리움 • 76
해탈교에서 본 세상 • 78
메밀꽃 물결 • 80
제주도에 가면 • 82

5. 우화의 샘

추억은 • 86
우화의 샘 • 87
비 오는 날의 동창회 • 88
이대로 • 89
환상 • 90
그땐 왜 • 91
아버지 • 92
어머니 뵙고 오는 날 • 94
산 같은 사람 • 95
자궁 • 96
갯바위 • 97
옹달샘의 봄 • 98
가을을 팔고 있습니다 • 99

6. 가을 해바라기

까치밥 • 102
장미의 미소 • 104
풀꽃 • 106
일출 • 108
세미원 연蓮 • 110
슬픈 사랑 • 112
산철쭉 • 114
이른 봄 • 116
봄님 • 118
만추 • 120
가을 해바라기 • 122
가을 소리 • 124
너무 일찍 와서 슬픈 꽃 • 126

7. 사랑의 거리距離

짝사랑 • *130*
사랑놀이 • *131*
사랑의 거리 • *132*
내가 사랑하는 사람은 • *133*
시간이 더 필요하다 • *134*
사랑인 줄도 모르고 • *135*
동상이몽 • *136*
노부부 • *137*
멀리 있는 것은 아름답다 • *138*
만족 • *139*
첫 비행 • *140*
불신 • *141*

8. 세상을 바라보는 눈

노신부님 • *144*
행복 • *146*
혼자서도 • *148*
높은 것을 보면 • *150*
그림자 • *152*
잠 안 오는 밤 • *154*
인간의 양면성 • *156*
음양의 조화 앞에서 • *158*
승무 • *160*
세상을 바라보는 눈 • *162*
미로 • *164*
마음의 눈 • *166*
하늘 호수 • *168*

산나리꽃

1

산나리꽃

해탈교를 지나다

문득
정情을 무상無相의 눈으로 바라보고 싶어서
사랑을 버렸다

기쁨도 슬픔도 없는 해탈

그날 이후
가슴에 남아 문신처럼 지워지지 않는 검붉은 점들

사랑의 흉터다

바위

한때는 불이었다

냉정하다 마라
암흑이라 마라
가슴에 불 품고 부딪치면 번쩍

단 한 번의 상처로
소리하지 않는 너

입도 귀도 없이 육중하게 앉아
버리는 법을 묵언수행默言修行 중이다

그 분

나보다 더
나를 잘 아시는 분

더는 견디지 못해
당신 품으로 뛰어든다

미운 빛 하나 없이
미소로 나를 품어
꼬인 것 풀어주고
막힌 것 뚫어주는

하늘

귀면암 鬼面岩

설악산 대청봉 오르는 길

신흥사 내려다보며
부릅뜬 눈
터질 것 같은 배
손에 몽둥이 들고

세상을 집어삼킬 것 같은
저 도깨비

마지막 하나를 버리지 못해
해탈에 들지 못한
수행자였을 것이다

자화상

무심코 들여다본 영랑호

파란 하늘에 하얀 구름이 흐르고
한 여인이 있었습니다

가다 생각하니
어디서 본 듯한 그 여인 생각에
도로 가
가만히 들여다 봅니다

파란 하늘에 하얀 구름이 흐르고
내가 있습니다

용 서

미움
죄가 되는 줄 몰랐다

참회의 연못 찾아 풍덩 뛰어든다

어디선가
누군가 일러 준다
미움은 고단한 삶의 때라고

용서하면
미움 사라지고
참회할 일도 없다며
토닥
토닥

사춘기

선禪과 도道를 무시한 대물림이다

가지 말라면 더 가고 싶고
보지 말라면 더 보고 싶고
하지 말라면 더 하고 싶은

채워지지 않는 욕망의 시절

돌아오는 길 몰라도
망설임 없이 떠났던 나

아들과 딸
손주들이 또
그 길을 가고 있다

유 혹

꽃뱀 한 마리 슬몃 다가온다

날름거리는 혓바닥
한 번뿐인 생
물 흐르듯 사는 것은 맹물 같은 삶이라며
한 방으로 생을 바꾸어 보라 한다

나라고 원이 없겠는가

불을 본 불나방처럼
어디가 길인지
어디가 나락인지 모른 채 달려들다

한 방에 굴러 떨어지는
벼락부자

힘들고 지칠 때

인생은 평안과 행복만으로 지속될 수 없다

누군가에게 눈 마주쳐 마음을 털어놓아 보라
무겁다고
아프다고

누구에게나

가야 할 길
해야 하는 역할
지켜야 하는 약속이 있다는 것을 알고 나면
한결 마음이 가벼워져

견디기가 쉬워질 것이다

사소함에 있다

먼 곳에서
황금빛 장식을 달고
아주 아주 큰 소리로 올 거라 알고

나는 늘 불행했다

놀이터에서
얼싸안고 소리 지르는 아이들을 보고

함께 있고 싶은 마음이 사랑이고
기뻐하는 마음이 행복인 것을
알다

회 한

젊어서는
사시사철 짭쪼름한 앞치마 두르고
육아와 집안일 밭일까지

일곱 남매 자기 길 찾아 떠나고
지팡이에 의지 고향 지킴이 하시더니
어느 날
막내딸도 못 알아보시고

"아줌마 애기 낳았소" 하신다

무엇이 그리 중했던지
오며 가며
변기에 앉혀놓고 씻겨드린 일밖에…

어미란

빈 고동껍질이다

제 몸 속에 새끼를 품고
살과 피 다 내어주고 남은 게 없는

자기 늙어가는 것은 생각하지 않고
자식 커 가는 것만 기꺼워
굵어진 다리통 마냥 쓰다듬던
손

덩그런 집
제짝 찾아 떠나버린 빈자리 만지시며
눈물짓는다

꽃을 보듯 너를 본다

열공

그 속에

문제의 답만 있는 게 아니고

세상의 이치와 진리가 있어

인격과 지식을 키워 주는

만유의 양식이다

꽃을 보듯 너를 본다

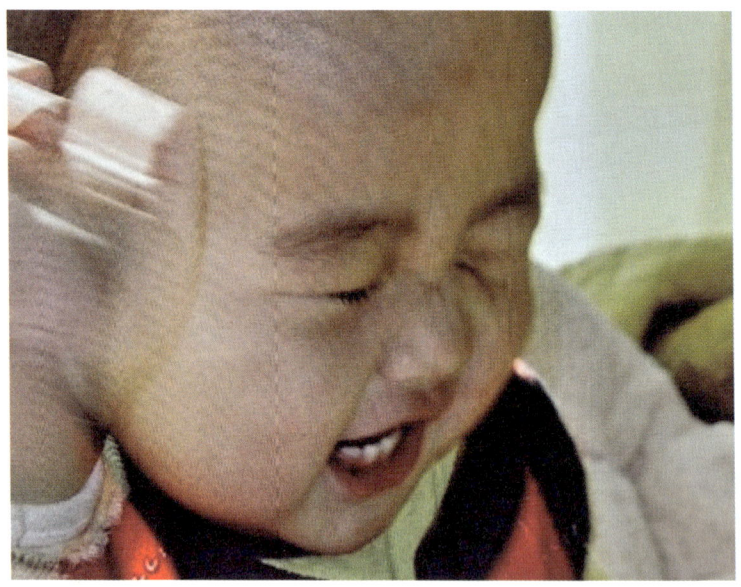

바둥대는 몸짓 쬐그만 웃음

옹알옹알 혀 짧은 소리로

할아버지를 "여보"라 하는

눈에 넣어도 아프지 않을 것 같은

예쁜 내 강아지

할머니 결혼사진

*100년 된 사진

사랑 하나 싸들고 손잡고 가신 길

서로가 사다리 되고

디딤돌 되어

멀어도 가깝고

힘들어도 지치지 않으셨으리라

슬퍼 말아요

눈물 가득한 눈으로

누구를 기다리세요

인생은 결국 고독하고

누구나 혼자인 걸요

안 부

전화를 걸면

밥은? 아이들은?

묻고 물으시던 어머니

치매증으로

"당신이 누구요" 하신다

가족 사진

*그림: 전소이

앉고 서고 뒹굴고

피아노 치는 놈 농구하는 놈

제각각인 듯해도

신뢰와 사랑으로 하나 된

서열과 질서가 엄격한 도道다

나비 소녀

*그림: 전소이

이름만 들어도

예쁘고

귀엽고

사랑스럽기까지 하다

나도 어느 때 순수한 영혼이었다

어머니 무릎

시큰시큰

우두둑 우두둑

무릎 꿇을 일 많았던

어머니 무릎

뭘까

가슴이 답답해

다시 와 봐도

모르겠네

쌍둥이의 꿈

둘이 하나인 듯

하나가 둘인 듯

두근거림으로

바라보는 곳은 같아도

바라는 것은 다르다

당신인 줄 알았어요

안개 자욱한 봄날

모란을 보고 깜짝 놀랐습니다

안개 뒤에 얼굴을 감추고

커졌다 작아졌다

둘도 셋도 되는 당신 얼굴

파도가 쳤을 뿐인데

그 많은 모래 발자국

다 어디로 갔을까

언니 저것 봐

파도가 슬며시 지우고 가

커피 맛내기

첫 구두

버릴 때가 되었다
너덜너덜
낡고 빛바랜 빨간 구두

시장과 병원으로 백화점과 버스터미널로
험한 길 서툰 걸음걸이도 잘 참아준 너
버릴 수 없어

구두병원에 데리고 가다

한 땀 한 땀
밑창 갈고 때 빼고 약 바르니
고달팠던 삶의 흔적 사라지고
반짝반짝

첫사랑을 만난 듯 울컥

커피 맛내기

싱거우면

너의 그리움을 넣고

진할 땐

너의 미소를 넣으니

부드럽고

달달하고

따뜻하기까지

흔들리는 것은

울음이다

까마득히 쳐다보며 단숨에 오르지 못해
돌부리에 채이며
떠돌고 헛돌아 당도한

허공뿐인 정상

무엇을 기대했기에
두고 온 것 같고
잃어버린 것 같은 허무에
그만 쓸쓸해져

온몸으로 흔들리고 있는 억새꽃
나를 보듯 바라본다

천 년을 살 것처럼

사람들은 비이성적이다

아직 오지 않은 미래를 걱정
마지막 하나를 채우려
쫓기듯 허둥대다

친구도
웃음도
잃어버린
외로운 삶

손님처럼 왔다가
나그네처럼 떠나는 인생
만일 오늘이 내가 살아있는 마지막 날이라면

미래도 없는 것을

삶은 한 폭의 환상임을

누구나 부러워하는

기쁨과 환희로 가득한 삶을 꿈꾸어 온 나

지는 해 등지고 서서

거미줄을 통해

세상을 바라보다가

내가 바라던 것들

헤쳐 나가야 할 수많은 일들

거미줄처럼 얽혀 있고

그 중심에

매달려 발버둥치는 풀벌레를 본다

내 모습이다

늙는다는 것은

사랑하는 것들을
멀리 두고 바라볼 줄 아는 것이다

아이들 먼 여정 길에
배고프지나 않을까
삶의 짐이 너무 무겁지 않을까

그러한 눈으로 지켜보며
일 년
이 년
오십 년…

나 이제
사랑하는 너를 지켜보기 위해 돋보기를 써야 할 나이가 되었다

놋요강

할머니 신행 오실 때 가져오신

강물이 살아 있는지
밤이면 물젖는 소리가 나고
비가 많이 오는 날
둥둥 떠내려가는 요강을 보고
할머니 요강!
할머니 요강!
외치다 잠이 깨기도

할머니의 요실금
은밀한 곳 잔털이 돋기 시작한 오빠 몸의 비밀
다 알고 있는 우화단지

할머니 떠나시고
생활의 서구화로 잊혀져 가고 있다

겨울 햇살

잠시 머물다 떠나는
지상에서의 며칠

삶을 높이로만 이해하고
위만 쳐다보다가

해 저무는 것 몰랐네

받은 사랑이 너무 많은데
어찌할고

떠날 때를 알려주는 겨울 햇살

가깝고도 먼 거리

시립병원 회전문 열고 들어서면

시끌시끌 비릿비릿

신생아 울음 소리

할아버지 기침 소리

깁스한 소년의 목발 소리

살아있는 소리와 냄새다

같은 공간

반대로 가라는 화살표 따라 가다보면

호스피스 병동

문 속문을 열자

고요 속 가쁜 숨만 몰아쉬고 있는 영혼들

사람들은

빤히 보이는 이 길을 건너는데 한평생이 걸린다

오 해

찜질방에서
수건으로 얼굴 가리고 누워
나태주 님의 "풀꽃"을 외우자

옆에 누운 할머니
벌떡 일어나며
워~메
비올랑갑다

날궂이하네

늘보 우체통

늘보 우체통

어떻게 알았니?

슬픔은 늦게 올수록 좋고

기쁨은 손에 쥐는 순간

반으로 줄어든다는 것을

해운대 연가

친구끼리

사르락 사르락

바다 소리에 취해 노래를 부르노라

날이 저무는 줄 모르고

나이도 잊은 채

눈부처

엄마와 아기가 마주 바라보며
엄마가 웃으면 아기가 따라 웃고
아기 웃는 모습 보고
엄마가 또 따라 웃는다

*그림: 전소이

자연은 명작名作이다

*'세계테마기행'에서 가져옴

높고 낮고

멀고 가깝고

밝고 어둡게

만년설까지

우러러 감상합니다

수목장

*그림: 전소이

아버지 편안해 보여요

아픔과 죽음이 없는

그곳에는

암도 없나봐요

방 생

슬픔을
띄어 보낸다

곧은 길은 곧게 가고
굽은 길은 굽게 흘러
자취 없음이 되어라

걱 정

돌아오는 길 잃을라

너의 모습
보이는 곳까지만 가고
엄마 목소리
들리는 곳까지만 가거라

그리움

이따금 꺼내 보고 싶은 것

어찌하여

좋은 것들은

시간이 많이 흐른 후에야

알게 될까

해탈교에서 본 세상

해탈의 물에는

연의 화려한 꽃과 향기도

무상으로 비치고

해탈의 눈에는

삶을 불태워 쌓은 돈과 명예도 덧없어 보인다

메밀꽃 물결

봉평에 가면

눈이 내린 듯
들판이 환하더라
한밤중에도 대낮이더라

제주도에 가면

소금 바람에 부식된 화산석

긴 외로움에 박제가 된 노박나무 열매

경계를 벗어날 수 없고

죽을 자유마저 없는

살아서 슬픈 유배지였음이 분명하다

우화의 샘

5

추억은

사위지 않는 마음의 별이다

외로울 때 눈을 꼬옥 감으면
뒷마당
할아버지 나이의 오동나무 그늘

황토 흙밥, 질경이나물이 차려 있고
나 언제나 간호사언니였던 병원도

내가 눈을 감는 건

돌이킬 수 없는 추억
마음에 박힌 별을 꺼내 보는 것이다

우화의 샘

누구에게나 가슴에 마르지 않는 우물 하나 있다

외할머니 우물에는 엄마와 삼촌이 살아있고
엄마 우물에는 나와 언니가 있고
순돌이*도 있을 것이다

어둠만 길어질 것 같은 우물 속에
아무 때고 두레박만 내리면

찰랑찰랑
가슴 뭉클한 이야기들이
한가득 올라온다

*반려견

비 오는 날의 동창회

평균 나이 칠십오 세

볼 때마다 반갑고
들은 이야기 또 들어도 즐거워

하하 호호

사진 들여다보며
나이를 잊은 웃음꽃
비 맞고 강물로 흘러드니
일렁이는 꽃 무지개 피어난다

아직도 우리는 꽃 무지개

이대로

눈 오는 동짓날

숙자 현자 정희 광숙이
넷이 만나

팥죽 앞에 놓고
쨍
숟가락 부딪치는 건

더는 늙지 말자는 다짐이다

환 상

담쟁이가 덮인 외딴 집에는
동화 속 왕자님이 살고 있을 것만 같아
하굣길에 일부러 돌아서 다녔다

친구가 되어
내 이야기를 들어주는 애기똥풀 꽃
우산이 되어주던 잎 넓은 아주까리

가슴 콩콩거리던 소녀의 꿈은 이루어지지 않았다
중학교에 가기 위해 큰 도시로 나오면서 잊혀져 갔다

난생 처음
나를 이성에 눈 뜨게 한 그 왕자님을
그 누구도 보았다는 사람이 없었다

그땐 왜

이 친구는 잘난 척해서
저 사람은 입이 너무 가벼워서
자랑이 듣기 싫어

이래서
저래서
다 떠나보내고

이제 나 혼자 남았다

그땐 왜
이해하지 못했던
내 모습은 떠오르지 않았을까

아버지

퍽이나 자상하신 분이셨다
손수 감꽃을 실에 꾀여 목어 걸어주시고
밀짚으로 여치집을 만들어 주신

무지하고 가난했던 시대에
대농가집 도련님으로 손에 물 안 묻히고 사시며
손이 귀한 집에 4남 3녀를 낳아
아들 딸 차별 않고 서울로 광주로 유학 보내놓고
교육비 마련하시느라 소 팔고 논 팔고
중3인 나를 휴학까지

책임감과 사명감에 몸을 다 버려
까맣게 그을린 얼굴 구부정해진 등 힘줄이 툭툭 불거진 팔뚝

뒤늦게 지게질까지 배워 영락없는 일꾼으로 전락
방학이 끝나 광주로 올라 갈 때면
쌀자루 김치단지 직접 버스에 실어주시고
그렁한 눈으로 지켜보시던 당신

오늘이 있도록 만들어 주시고

무엇이 그리 급하셨던지
육십을 눈앞에 두고 훌쩍 떠나신
가슴 찡한 아버지

어머니 뵙고 오는 날

그때마다
어머니 두고 돌아서는 나에게
어여 가라며 손 저으시는
어머니 눈에 눈물이 고이고
나는 목이 메여 인사도 못하고

서로 안 보일 때까지 바라보기만

이제는
그마저 뵐 수 없어
허공에 대고 불러봅니다

아~ 어머니

山 같은 사람

재테크에 밝은 옆집 아저씨와 비교하다가
크게 싸운 뒤

눈도 마주치지 않고
말문을 닫아버린 나에게
미소로 다가와

당신 없이 내가 어떻게 살겠냐고

자기 잘못이니 용서하고
마음 풀라며
넓은 가슴으로
갈데없이 나를 꼭 가두는 사람

자 궁

요새와 같다

품은 아기 목마르지 않게
젖과 달콤한 물이 흐르고

지천이 흔들리는 천둥번개에도
놀라지 않고
낮잠 즐길 수 있게

둥글고 탄탄한 철벽 방

태를 열고 나오기까지
평안한 안식처다

갯바위

뻘밭에 바윗덩이

여기까지 굴러오기까지
세파世波에 할퀴고 깨져
탐욕스런 회색 곰

오랜 시간
잔물결에 다듬어져

무상의 돌부처 되어
금방 걸어 나올 것만 같다

옹달샘의 봄

봄 햇살 걸치고 동그랗게 둘러앉아

세수하는 물총새
공기놀이하는 다람쥐
파랗게 분칠하고 있는 봄 까치꽃

서로 다른 것끼리
식구가 되어
사랑은 주고 슬픔은 나누고
기쁨 두 배 슬픔 반
얼마나 아름다운 동거인가

가을을 팔고 있습니다

들국화 코스모스 갈대 모두 있습니다

가을을 느끼고 싶은 사람은
꽃집으로 오세요
친구와 함께 와도 좋고
사랑하는 사람끼리 오면 더욱 좋습니다

따끈한 모과차와
계절 낭만은 덤으로 드립니다

꽃집에서

가을 해바라기

6

까치밥

바알간 불꽃

입 안 가득 배어오는 단맛

까치 위해

홍시 하나 남겨두는 여유

道의 마음이다

장미의 미소

그냥 빠지고 싶고

한번 빠지면 나올 수 없는

나올 수 없어도 행복한

사랑의 유혹이다

풀 꽃

저 여리고 가냘픈 것

지구를 들어 올리는 힘
거목과 다르지 않네

일 출

하루를 여는 하늘 영

땅 속 떠도는 생명들
잎 다르고 꽃 다르게 피우고
과일을 달고 시게 익혀주는
뭇 생명을 키우는 에너지다

세미원 연蓮

진흙탕에서도
순백의 꽃을 피우는
너에게서
부정에 물들지 않는
삶을 배운다

*그림: 전소이

슬픈 사랑

수줍어 말 못하고

기다리다

기다리다

민들레 홀씨 되어

하얗게 흩어지며 그렁그렁

산철쭉

겨우내 소식 한 자 없다가

3월이면 홀연히 나타나

온산 벌겋게 불 지르고

자취없이 사라지는

불꽃

이른 봄

너였구나

뒤뚱뒤뚱
삐뚤삐뚤
아기 발자국

봄님

봄비 사이 꽃눈으로 오신 님

반가워 다가가면

봄새

지나간 자리마다

나뒹구는 꽃잎

만추 晚秋

*그림: 전소이

가득한 느낌

보고만 있어도

배 부르고

마음은 따뜻하다

가을 해바라기

*그림: 전소이

시든 꽃은

새순으로 다시 피어도

그때

그 꽃이 아니어요

지는 해처럼

가을 소리

*그림: 전소이

토닥토닥

가까이 가니

노랗게

은행잎 타는 소리

너무 일찍 와서 슬픈 꽃

음력 2월

아직은 메마른 황토의 땅

파랗게 질려

파르르 떨고 있는 반다지치

사랑의 거리距離

7

짝사랑

하늘도 못 말리는 병이다

첫눈에 반해
너의 허락 없이 사랑해 버린 죄
혼자 그리워하고
혼자 아파하고

내 사랑

눈길 한번 주지 않는 너는
사랑을 영원하게 하는
나의 바보 애인

우리에게 이별은 없다

사랑놀이

지고도 행복한 줄다리기

너를 알고부터
어제도 지고
오늘도 지고

사랑을 모를 때는
이기려고만 했었다

사랑의 거리距離

사랑에도 거리 있다
아름다운 사랑은
태생胎生 그대로를 좋아하는 것이더군요

그 사람 없이는 한순간도 살 수 없을 때일수록
좋은 만큼 멀찍이 두고
멀리 있을 때 가까이 있는 듯
가까이 있을 때 멀리 있는 듯 바라보며

사랑으로 얽어매지 말아야

너는 나에게 매이지 않고
나는 너에게 매이지 않는
영혼의 자유

아름다운 사랑의 비결이다

내가 사랑하는 사람은

내 마음 멀게 해놓고

너무 높고
너무 멀리 있는 사람

생각이 나면
쓸쓸한 노래를 부른다
먹 갈아 흑백의 그림을 그린다

그러고도 생각이 나면 시를 쓴다
죽도록 사랑하는

누구도 소유할 수 없는 별 같은 사람이어서

시간이 더 필요하다

말로는

잊어버리마고
이제는 아주 아주 잊었노라 해놓고

지하철 안에서

낯익은 샴푸향기에
눈물이 핑

아직도
내가 모른
눈물이 남아 있었다

사랑인 줄도 모르고

오늘 같이
눈이 펑펑 내리는 날은

도란도란
뽀드득 뽀드득
함께 걷고픈 사람이 있습니다

내가 아는 그는

옆에 있어도
보고 싶고
더 가까이 가고 싶은

신비한 힘이 있는 사람

동상이몽

무릎이 닳아 시큰거린다
좀 걸으면 허리도 아프다

병원에서
지팡이에 의지한 사람들 바라보다가
그만 서글퍼져 돌아서는 나에게

남편이 말한다

허청허청 걸어도
이만하면 복 받은 사람이라며

씨익 웃는다

노부부

서로가 같아져 있는 것이 많다

공기 같이 물 같이 스며들어
오누이 같이 닮아버린 삶

서로가 말하지 않아도

물어보지 않고
눈빛만 보고
무슨 생각을 하는지
어디가 아픈지 다 안다

감추고 변명할 일이 없다

멀리 있는 것은 아름답다

무지개
벼랑에 핀 꽃
고향 바다

언제나 내 편이던 할머니

마음 눈에 추억이 있는 사람은
칠십에도 십칠 세로 산다

멀리 있는 것들은
함께하는 시간 보다
그리운 날이 많아

예쁘지 않은 것이 없고
좋지 않은 것이 없다

만 족

가진 것이 몇 배가 되었는데도

뱃속에 욕심 가득 채우고
허허로움으로 가득한 마음

하늘은 버리라 하고
노승은 무심이 되라 한다

속 다 비우고

나쁜 것도
좋은 것도
갖지 않으니

허허로움도 없다

첫 비행

어린 물총새

두려움에 떨다
미끄러져
절벽 아래로 떨어질 때

어질어질 현기증에 착시현상까지

살기 위한
본능적인 날갯짓

기우뚱 쏠리더니
난생 처음 허공에서 헤엄치는 느낌
세상이 내 발아래

나도 날 수 있다는 사실을 알다

불 신

암막 커튼이다

화들짝 걷어치우고 나니
지금까지 보이지 않던
너의 참 모습이 보인다

원하는 것을 이루기 위해
남의 비위를 맞추느니 적은 것에 만족하는

비굴하지 않은 사람
인간의 품위를 잃지 않은 사람

세상을 바라보는 눈

8

老신부님

이 세상을 다녀가실 때

주고 가신 각막

어둠 속 빛 되어

죽어도 죽지 않는 가르침 되었네

행 복

숲속에 예쁜 둥지가 걸려 있고

새들의 울음 소리

"저녁때 돌아갈 집이 있고

외로울 때 부를 노래가 있으면

행복하다" 했지

*나태주의 시에서 가져옴

혼자서도

머리 위에 하늘 이고

발아래 지구를 딛고 선 너

혼자라서

더 당당하고

별처럼 반짝인다

높은 것을 보면

*그림: 전소이

두 손 모으는 건

주는 것인가

받는 것인가

백두대간 횡단 길

무탈을 비는 것이다

그림자

어디를 가나 쫓아오고 앞서가던

진구랑 진구 그림자

진구 코로나 강에 빠지자

그 그림자도 보이지 않는다

하나였음을

잠 안 오는 밤

사각거리는 소리에

창문을 보니

창호에 일렁이는 님의 얼굴

뜬 눈으로 밤을 새우다

인간의 양면성

선과 악의 싸움이다

꼭 붙어 다니며 서로 독점하려는

내가 선택하는 놈이 이긴다

*그림: 전소이

음양의 조화 앞에서

둥글게 꾹 누르니
태극기가 보인다

음과 양의 상호작용에 의해
생성하고 발전한다는
자연의 진리를 형상화한

승무僧舞

아직도 버릴 게 남아 있었나 보다

모시 장삼長衫에 고깔 쓰고

세차게 북채를 휘갈기자

두 둥둥~

번뇌가 데굴데굴

세상을 바라보는 눈

마음 상태에 따라

같은 듯 다르게 보인다

말갛게 해맑게

웃음인 듯 비웃음인 듯

미로

시작도 끝도 없이

얽히고설켜 돌아오기 어려울 듯해도

길은 길로 이어져

핏줄에 피가 돌듯

돌아돌아 다시 그 자리

마음의 눈

오싹오싹 아찔아찔
오르려고만 할 때는
보이지 않던 길

높이에 대한 욕심 버리자
내려가는 길이

하늘 호수

물에 비친 하늘 한 자락

퍼 올리자

바가지 속

구름 한 움큼

꼬리 흔드는 피라미 세 마리

◻ 발 문

시와 그림들이 아름다운 날개를 펴다
−전소이 시집《아직도 우리는 꽃 무지개》를 읽고

申 廣 浩

(시인, 문예비전 편집주간)

　시를 '감정의 언어', '영혼의 음악' 이라고 말한 사람도 있다. 시는 '영원한 진리를 표현하는 인생의 영상이다'라고 말하기도 하였다.

　여기 전소이 씨의 〈문이 열리는 사이〉〈빨래줄〉〈달팽이〉〈창살에 걸린 호랑나비〉〈대장간에 가다〉 등 5편을 추천한다. '내 땅 내 하늘 날지 못해 건너지 못해/ 서러워 풀잎이 운다' 여러 시편에서 자연을 바라보는 눈과 인간애가 배어 있어 호감을 준다. 발상이나 실험성이 남달리 돋보인다. 그동안 많은 습작기간이 짐작된다. 다만 시의 호흡이 짧은 편이어서 앞으로 보다 힘 있는 언어로 완성도가 높은 목소리를 기대한다.

　전소이 씨는 2017년 봄호인 문예비전 103호로 문단에 선보인다. 위의 글은 그의 시에 담겨 있는 감성들을 짤막하게 평한 추천의 글이다.

　전소이 씨가 맑은 미소를 띠며 문예비전의 가족이 되어 시쓰기에 대한 열정을 보며 기쁜 마음이다. 2022년에《아름다운 동행》첫 시집을 낸 후 2024년 무던히도 더운 여름을 보내고 두 번째 시집《아직도 우리는 꽃 무지개》를 펴낸다. 시 47편, 디카시 49편 모두 96편의 시편들을 찬찬히 들여다 본다.

   전소이 씨의 이번 시집의 시들이 대체적으로 보다 여물어져 가는 모습과 시에 대한 진지한 태도가 엿보인다. 그 중 다음과 같은 시들을 인상 깊게 읽었다.

해탈교를 지나다 / 문득 / 정을 무상의 눈으로 바라보고 싶어서 / 사랑을 버렸다 // 기쁨도 슬픔도 없는 해탈 // 그날 이후 / 가슴에 남아 문신처럼 지워지지 않는 검붉은 점들 // 사랑의 흉터다   _〈산나리꽃〉전문

한때는 불이었다 // 냉정하다 마라 ~중략~ 입도 귀도 없이 육중하게 앉아 // 버리는 법을 묵언수행 중이다   _〈바위〉부분

사위지 않는 마음의 별이다 // ~ 중략~ 내가 눈을 감는 건 // 돌이킬 수 없는 추억 // 마음에 박힌 별을 꺼내 보는 것이다.
                                                             _〈추억은〉부분
'

중략~ 어둠만 길어질 것 같은 우물 속에 / 아무 때고 두레박만 내리면 // 찰람찰람 / 가슴 뭉클한 이야기들이 / 한가득 올라온다
                                                         _〈우화의 샘〉부분

사진 들여다보며 / 나이를 잊은 웃음꽃 / 비 맞고 강물로 흘러드니 / 일렁이는 꽃 무지개 피어난다 // 아직도 우리는 꽃 무지개

_〈비 오는 날의 동창회〉 부분

싱거우면 / 너의 그리움을 넣고 / 진할 땐 / 너의 미소를 넣으니 // 부드럽고 / 달달하고 // 따뜻하기까지

_〈커피 맛내기〉 전문

버릴 때가 되었다 / 너덜너덜 / 낡고 빛바랜 빨간 구두 //~중략~ 밑창 갈고 때 빼고 약 바르니 / 고달팠던 삶의 흔적 사라지고 / 반짝반짝 // 첫사랑을 만난 듯 울컥

_〈첫 구두〉 부분

아직도 버릴 게 남아 있었나 보다 // 삼베 장삼에 고깔 쓰고 / 세차게 북채를 휘갈기자 / 두 둥둥~ // 번뇌가 데굴데굴

_디카시 〈승무〉 전문

　시인은 세상을 살아가는 이치와 지혜를 작품 전반에 놓아두었다가 예기치 못한 장소에서 툭툭 불거져 나오게 하는 장치를 걸어두고 있다. 자신의 인생사에 되비추어 달관과 극복의 의지, 삶의 순리를 나름의 표현기법을 통하여 조용히 역설하고 있다. 아마도 그의 시 기저에는 그동안 신앙인으로 살아오면서 터득된 그의 신앙관이 시인의 강한 의지로 표출된 것이 아

닌가 생각해 본다.

〈산나리꽃〉에서 세상의 희노애락을 해탈하고픈 염원이 있지만 결국 한 점 검붉은 사랑의 상처로 남게 된다는 시인의 절박한 마음을 읽는다. 버리는 법을 묵언수행중인 〈바위〉는 뜨거운 열정을 가진 자신의 내면을 절제하며 자아를 찾아가는 구도자의 모습을 보여주고 있다. 마음에 박힌 별이란 〈추억은〉에서의 표현은 다시 한번 시를 돌아보게 한다. 〈우화의 샘〉은 고향이야기기 두레박을 타고 두두두두 올라오는 정경을 사실적으로 그리고 있어 재미를 주고 있다. 〈자화상〉은 현실을 있는 그대로 받아들이고 자신을 바라보는 지혜의 눈빛이 보인다. 〈첫구두〉는 첫사랑으로 발상을 전환한 수작이라 할 것이다. 〈커피 맛내기〉는 달콤하고 향긋한 발상이 돋보여 흐뭇했다. 디카시 중 〈승무〉는 내면의 세계를 읽는 혜안이 돋보였다.

이 외에도 사랑에 대한 다수의 시들이 모여 있는데 사랑에도 거리(距離)가 있다는 시인의 시정은 무한한 공감이다. 진정한 사랑은 간격 즉 거리를 인정하는 것일 것이다. 그러한 시들을 통해서 시인의 따뜻하고 인정이 넘치는 그리고 누군가에게 사랑을 주고 싶은 마음들을 읽는다.

이번 시집의 특이할 만한 점은 현대시의 새로운 장르인 디카시에도 어느새 시인은 시적 감성을 지녔다는 것이다. 디카시는 디지털 카메라와 시의 결합어로 사진과 시가 하나의 텍스트로 완성되는 현대문학의 새로운 한 장르라 할 수 있을 것이다. 이미 많은 작가들이 이 디카시의 매력에 매료되어 그들만의 세계를 구축하고 있다. 인터넷, 사이버, 영상문화 등 디지털 혁명이 일어난 이 시대에 독자와 새롭게 소통하려는 새로운 발상의 전환인 이 디카시는 이미 예견된 장르의 탄생이라 보아도 합당할 것이다. 스쳐 지나가도 될 법한 평범한 일상의 사진 한 장에 생명을 불어넣어 생동감을 주며 아름다움까지 창조하는 그리고 생각의 전환을 야기시키는 디카시를 우리는 전소이 씨의 작품들에서 흐뭇하게 읽고 간다.

  또한 사진과 함께 전소이 씨의 그림 작품들이 선을 보였다. 시 보다 먼저 시작한 그림그리기는 그림에도 탁월한 소질이 있음을 알게 했다. 그의 그림들과 시가 서로 악수하며 반짝반짝 빛을 더한 모습이 참으로 아름답다고 할 것이다.

  〈비 오는 날의 동창회〉에서 보듯이 친구들간의 우정을 귀히 여기며 돈독한 관계를 이어가는 아름다움 모습이 나타나 있다. 고향에 대한 그리움과 효를 다하는 자식의 모습이 선히 보인다. 또한 티격티격 살아가지만 남편에 대한 존경과 사랑, 서로 의지하며 힘이 되어 살아가는 모습이 참으로 곱다. 눈에 넣어도 아프지 않을 것 같은 가족들에 대한 애틋한 마음이 읽는 이들의 마음을 뭉클하게 한다. 시집 전편에 녹아 있는 따뜻한 시어들과 진솔한 마음, 그리고 시에 대한 열정에 박수를 보낸다.

  진실한 사람들, 평생 학습의 뜰에서 시집 출간을 축하하는 마음 간직하고 여러분과 함께 훌륭한 선물로 읽었다. 《아직도 우리는 꽃 무지개》 소녀적 꿈과 사랑을 잃지 않은 이 모습대로 시인이 가는 길에 꽃 무지개만 가득하길 기원한다.

2024년 뜨거운 여름을 보내며
문예비전 편집실에서

아직도 우리는
꽃 무지개

전소이 시 · 디카시집

1쇄 인쇄 / 2024년 8월 30일
1쇄 발행 / 2024년 9월 10일

지은이 / 전소이
펴낸이 / 김주안
펴낸곳 / 도서출판 진실한사람들
주소 / 경기도 하남시 미사강변서로 25, 926호(미사테스타타워)
Tel / 031-5175-6210
Fax / 031-5175-6211
E-mail / munvi22@hanmail.net
등록번호 / 제300-2003-210호
ISBN / 978-89-91905-75-7

값 16,000원

*잘못 만들어진 책은 구입한 곳에서 교환해 드립니다.